I0789517

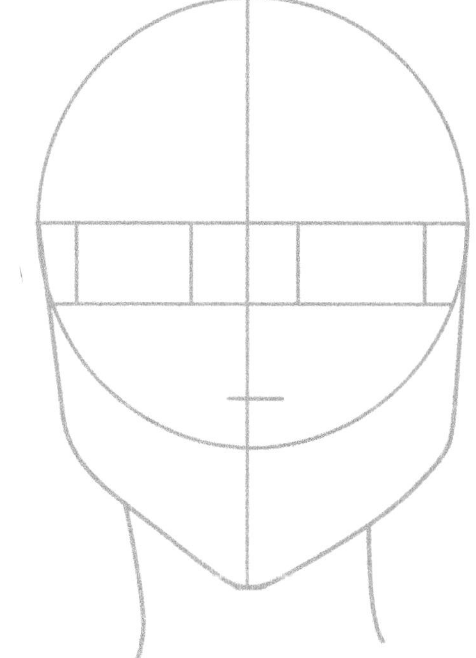

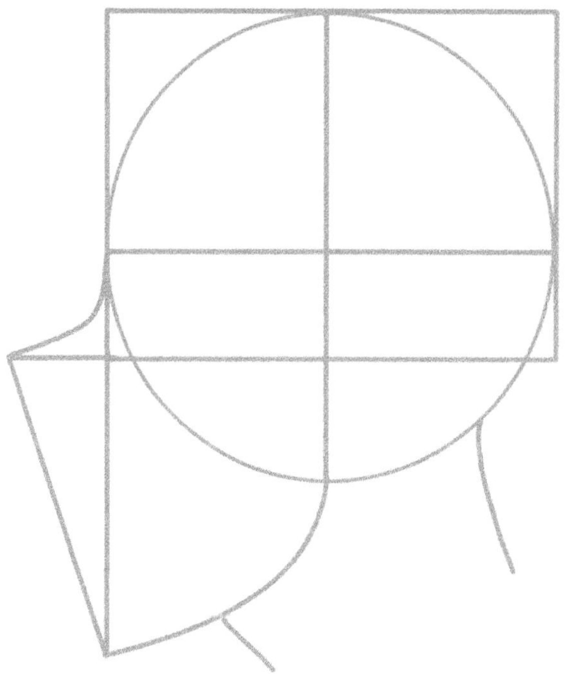

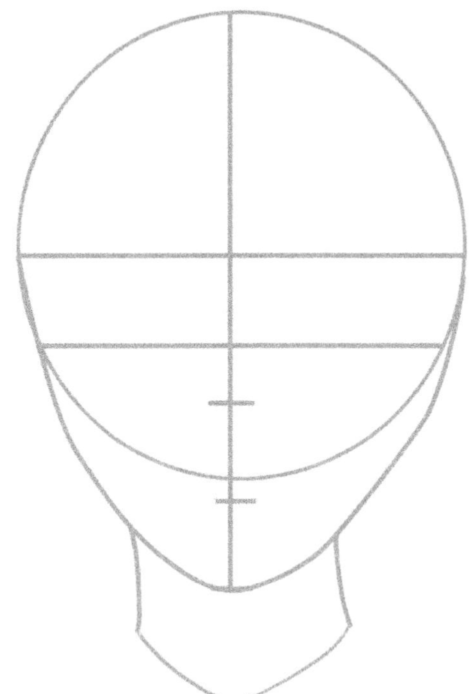

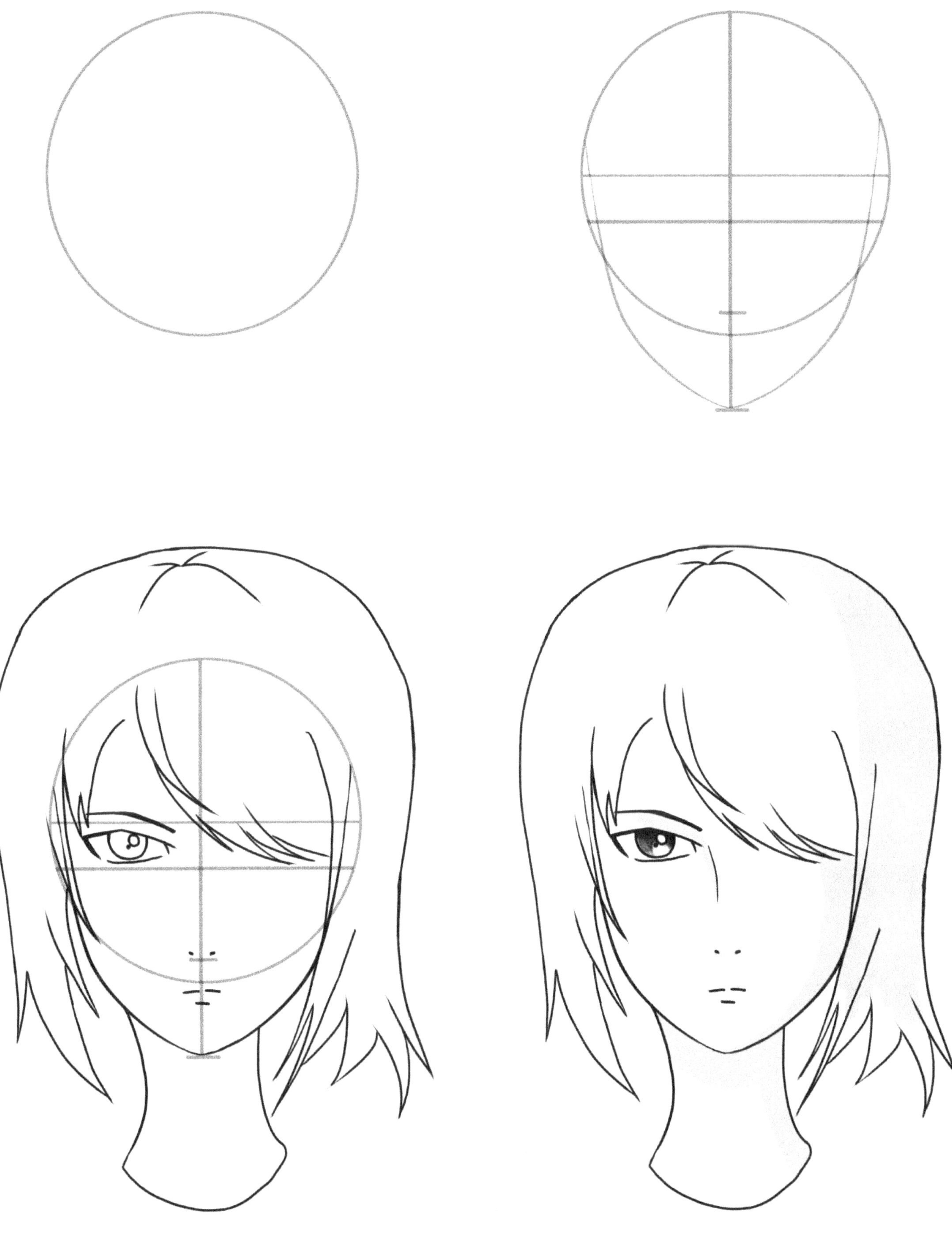

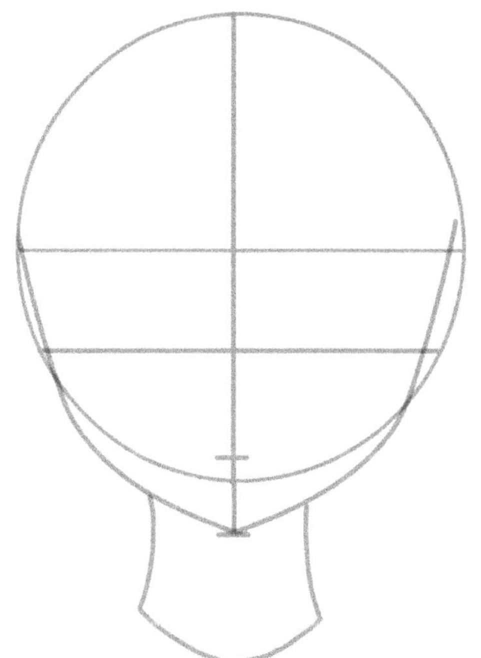

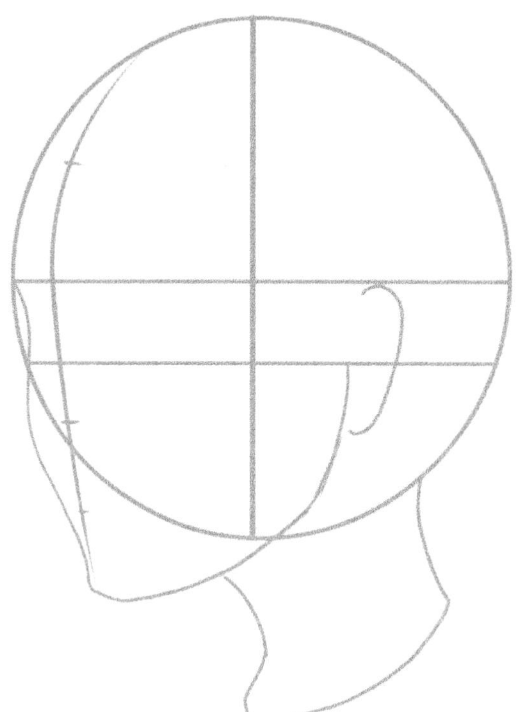

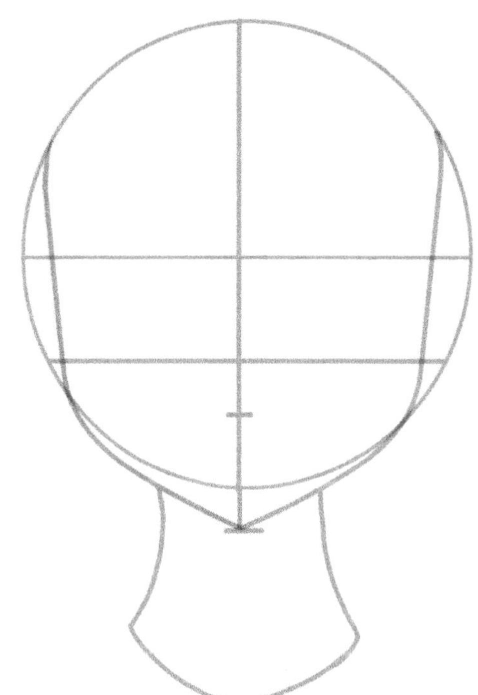

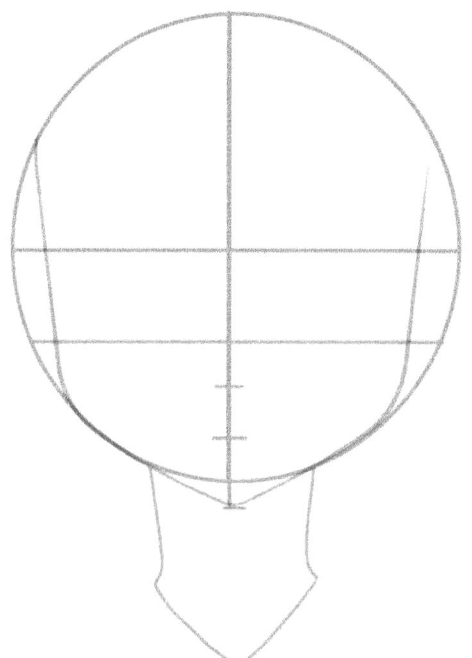

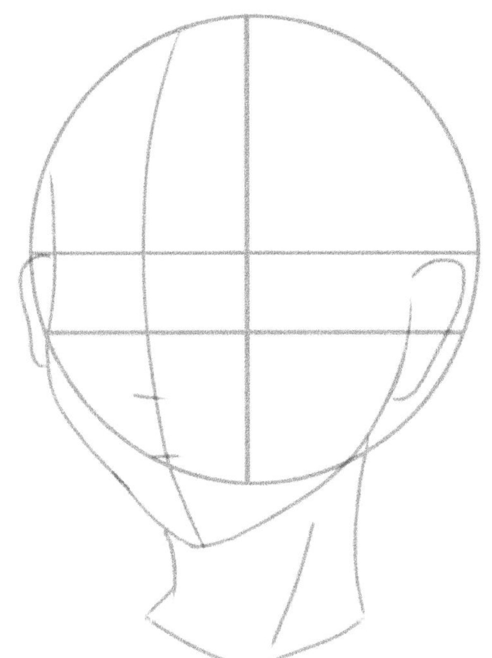

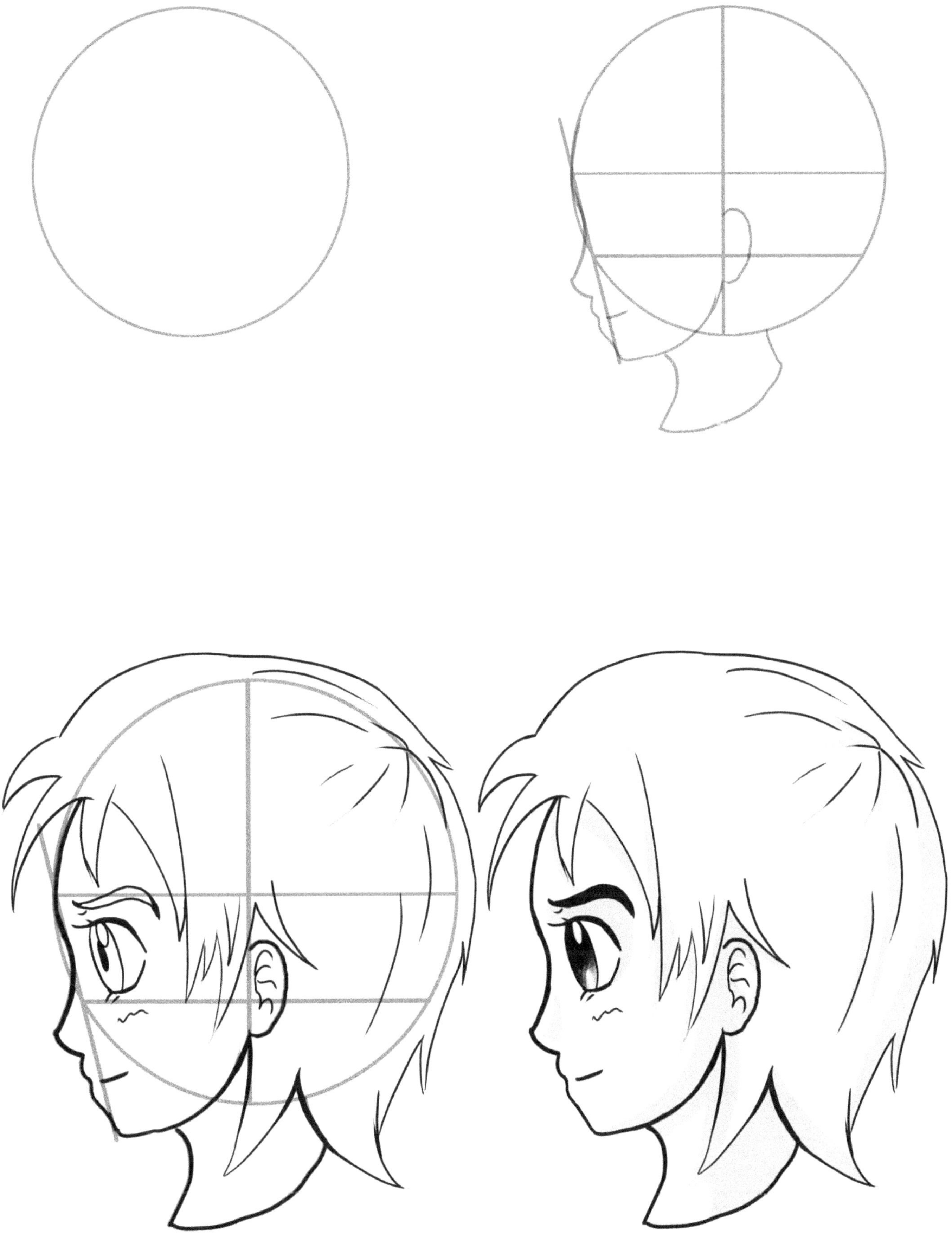

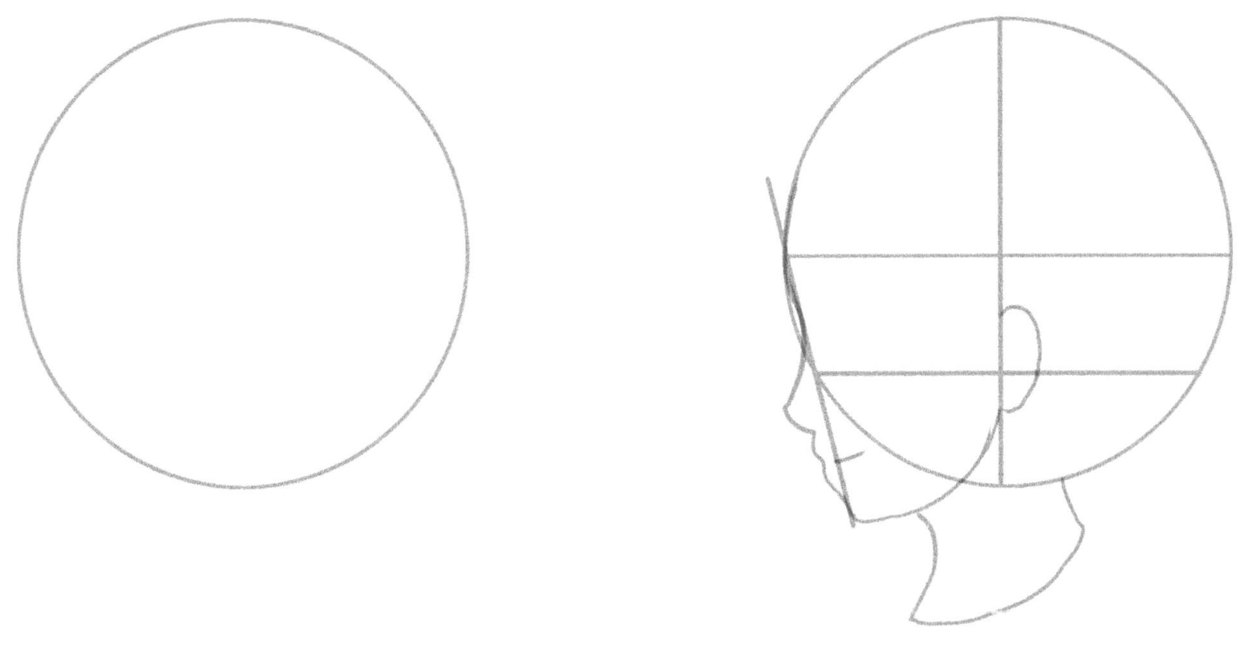

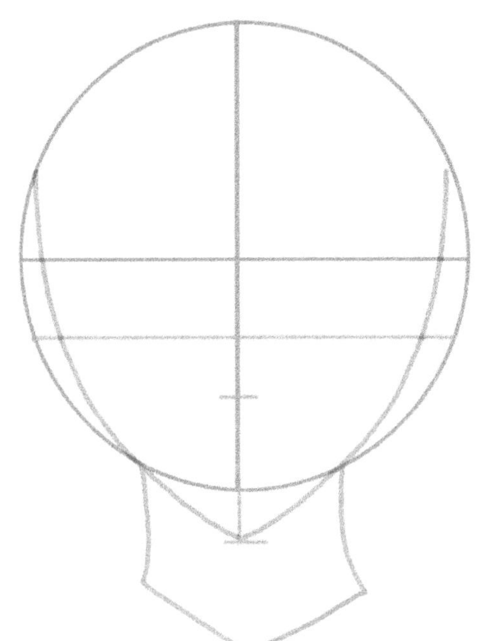

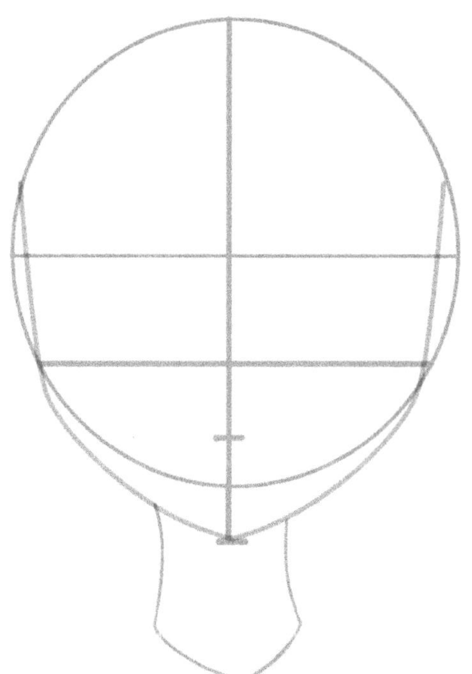

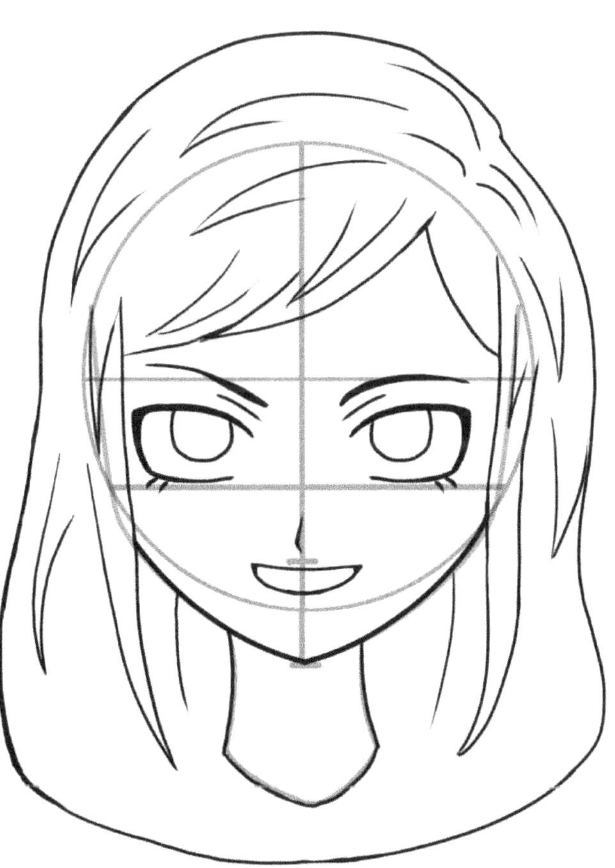

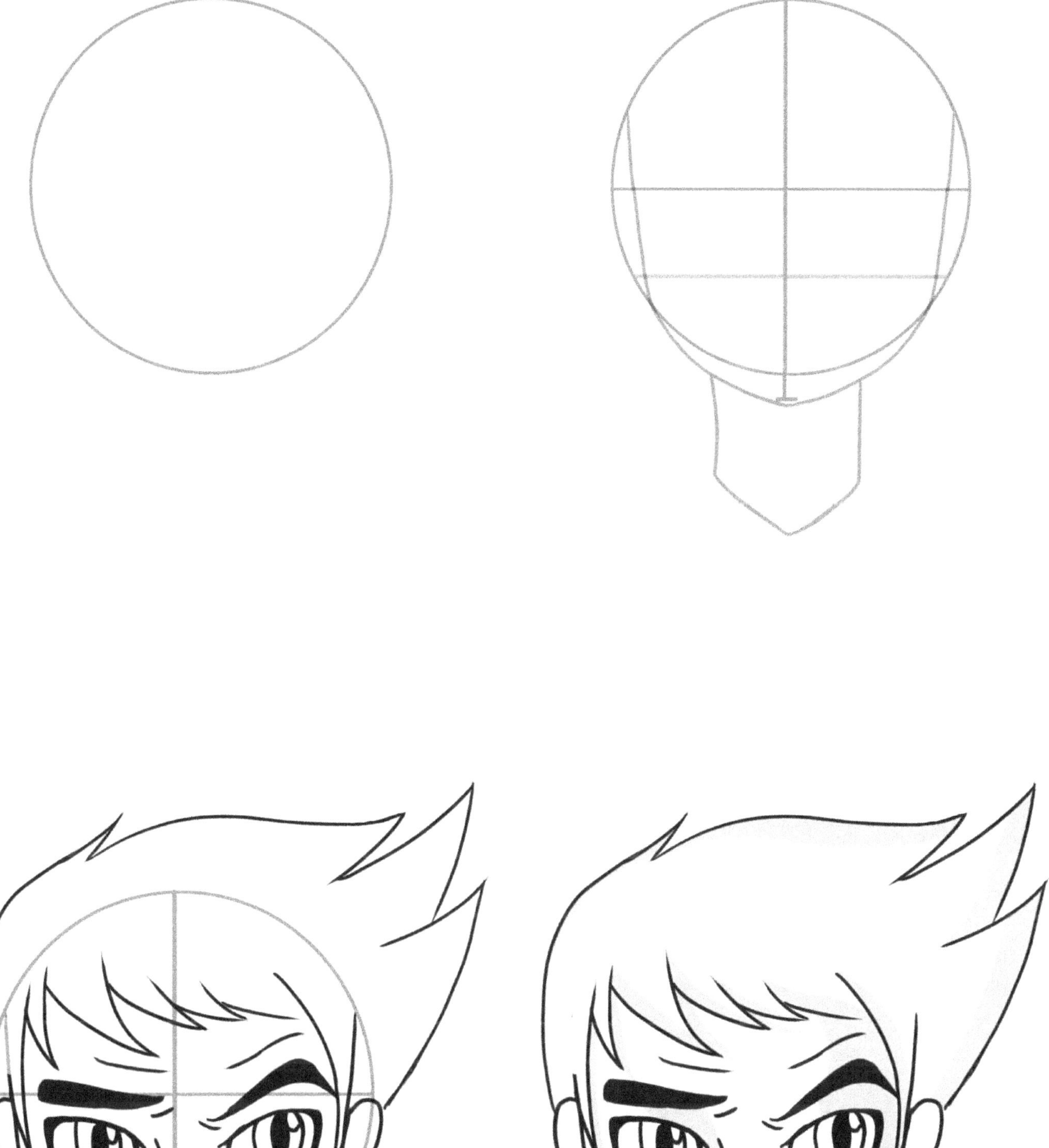

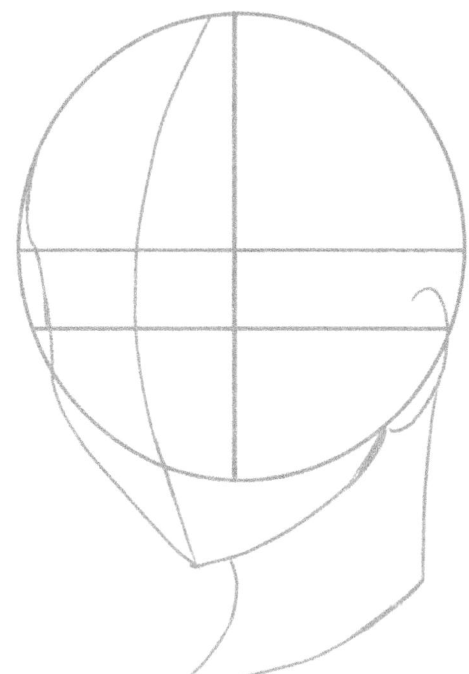

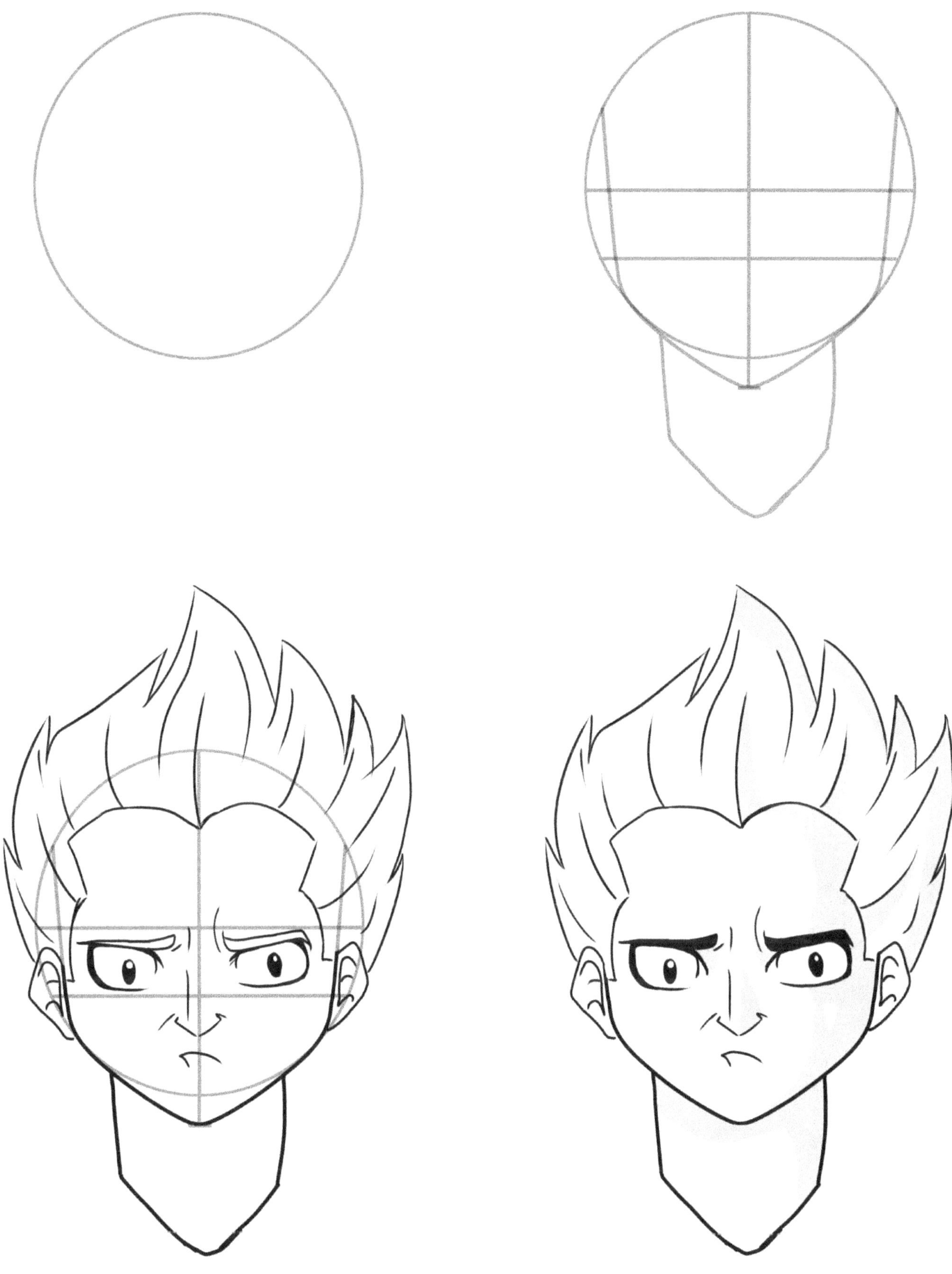

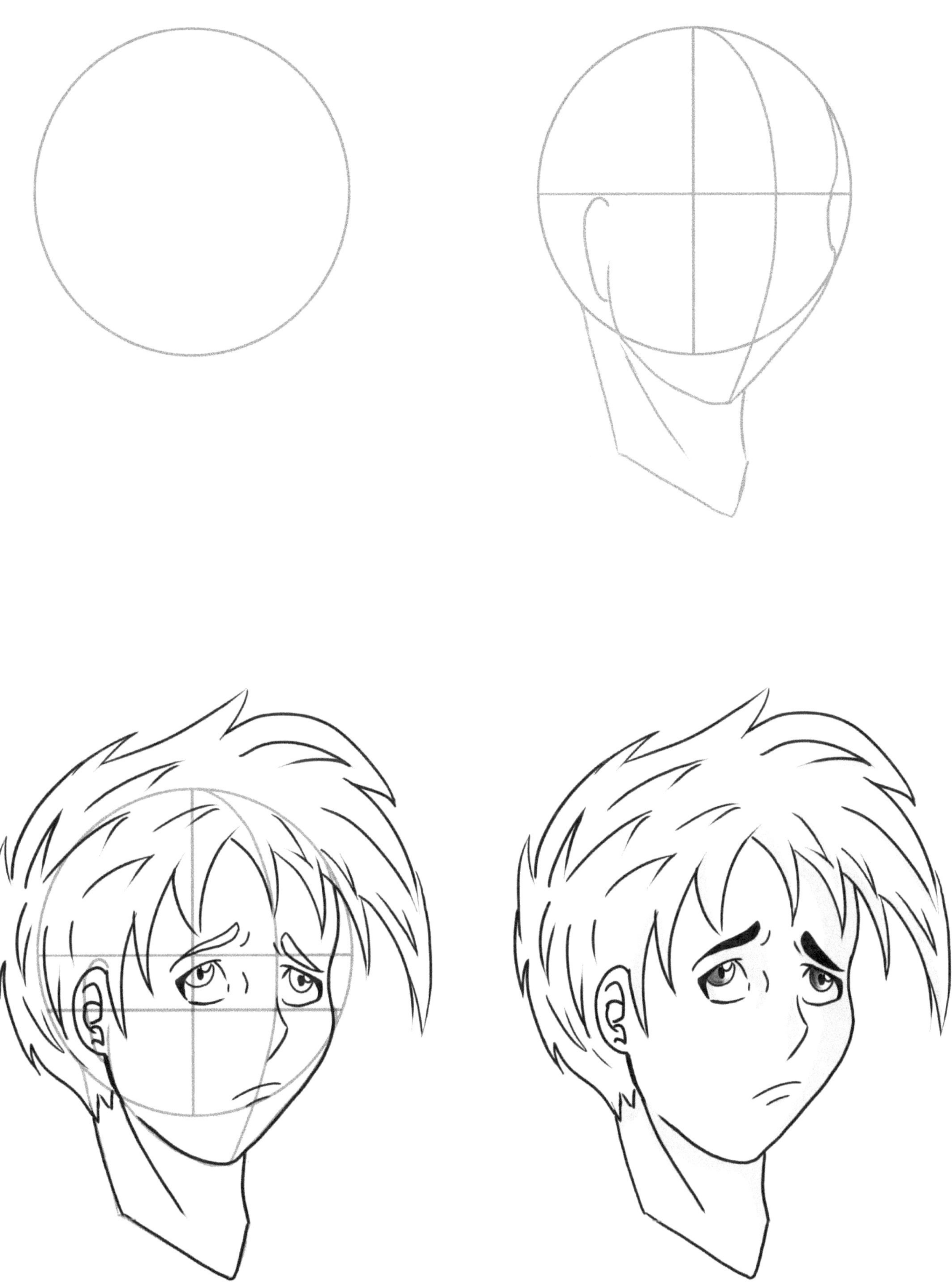

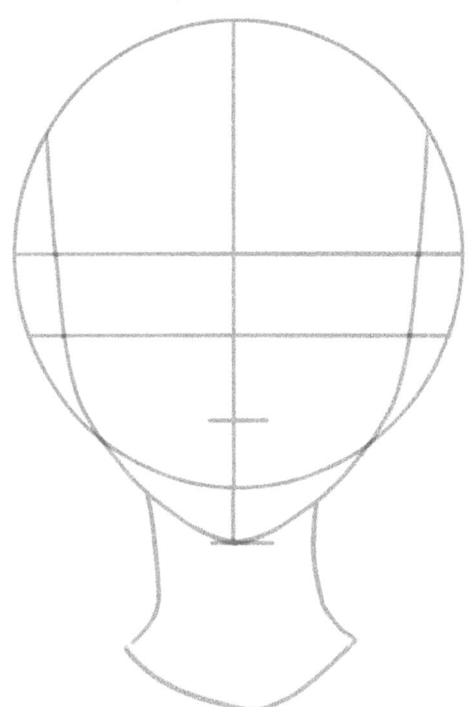

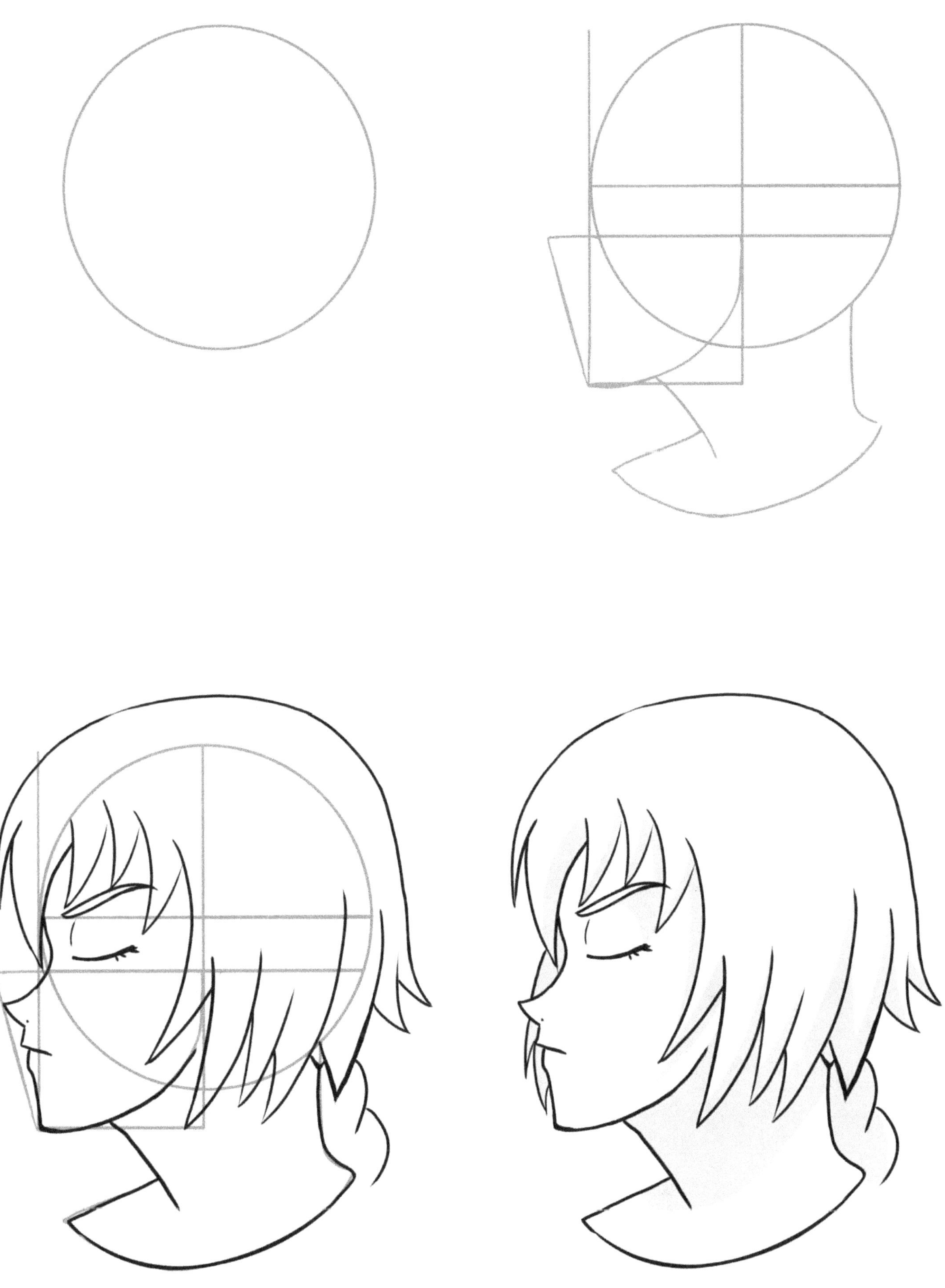

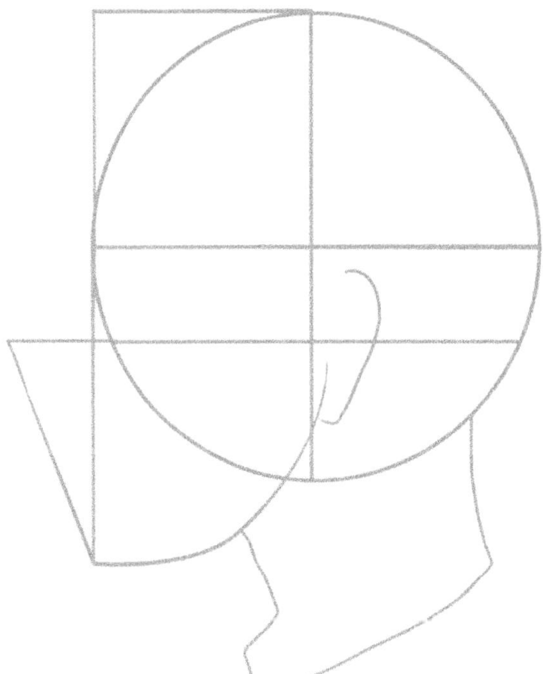

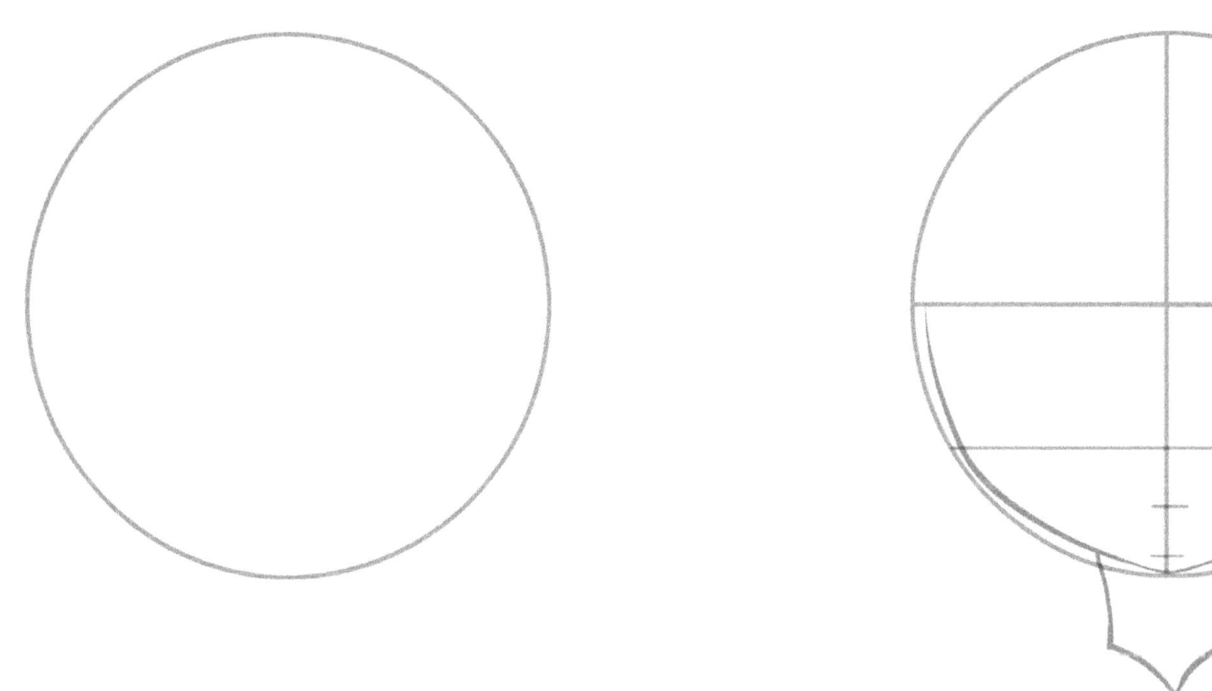

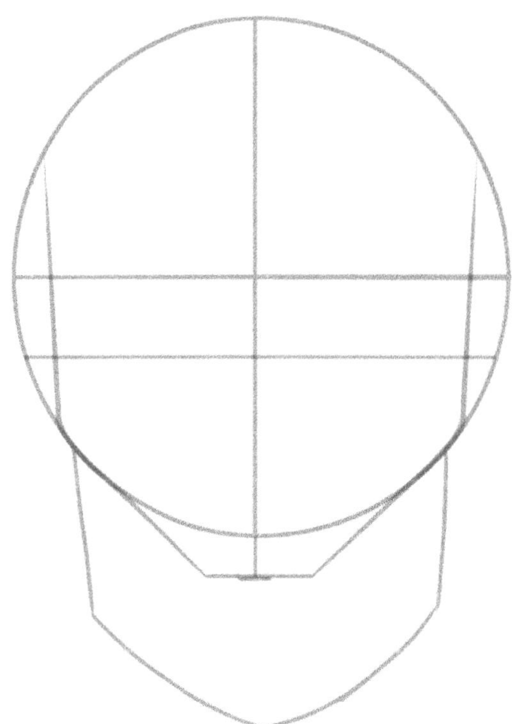
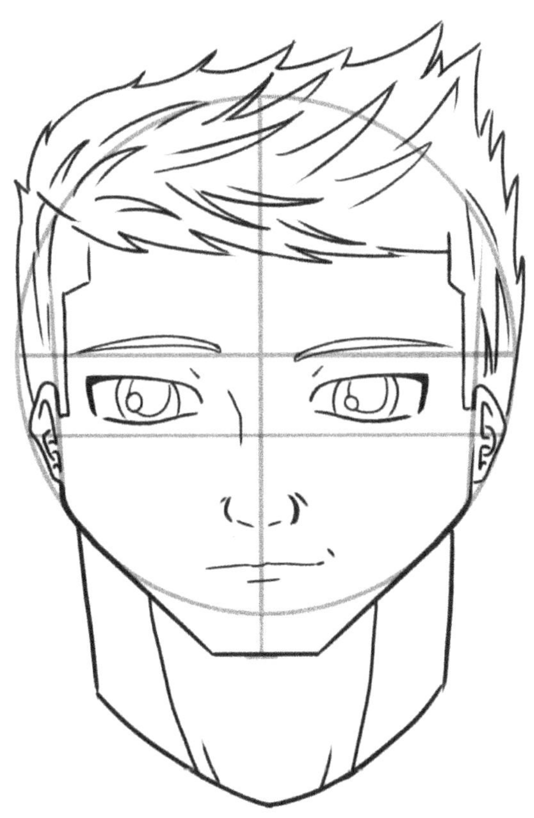

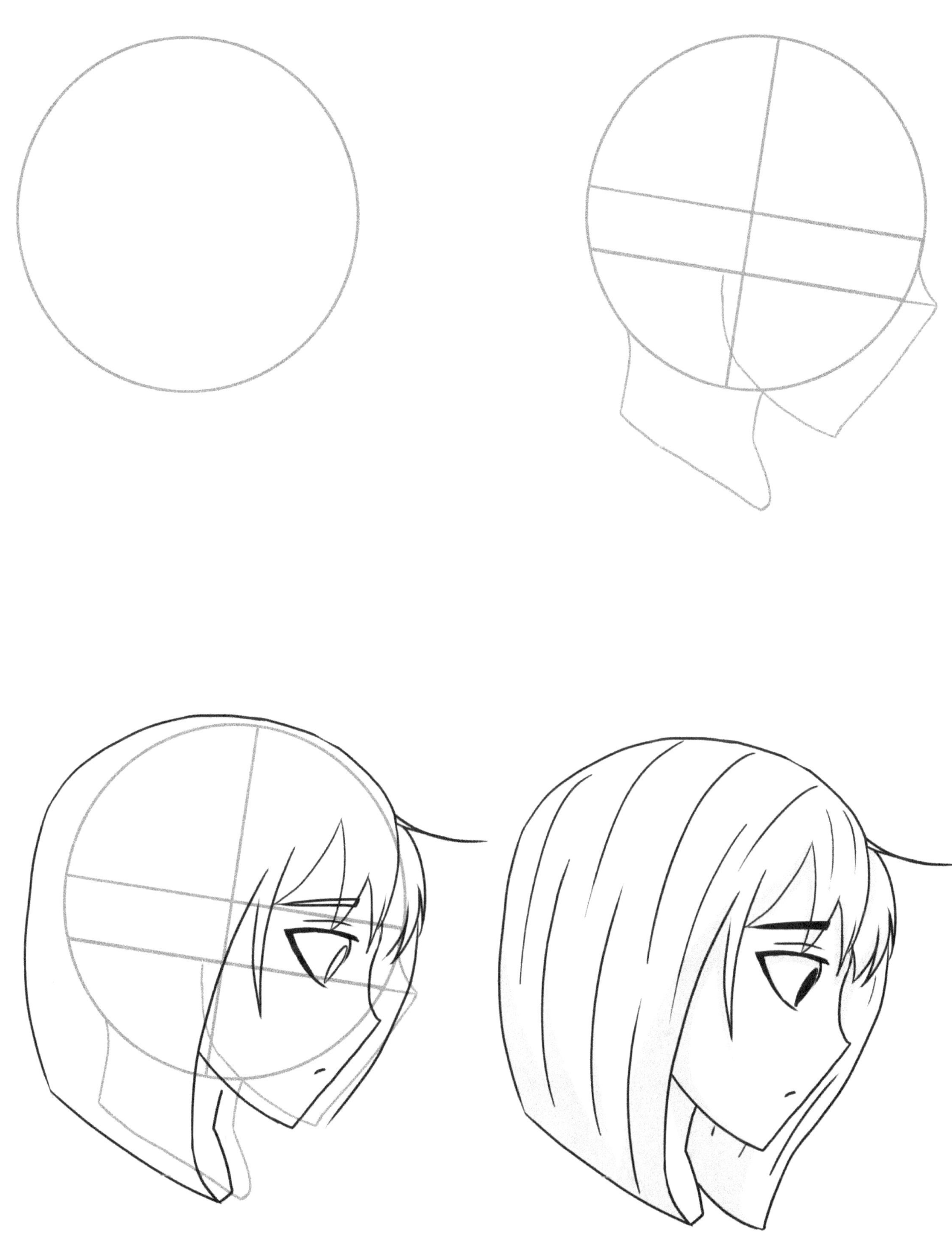

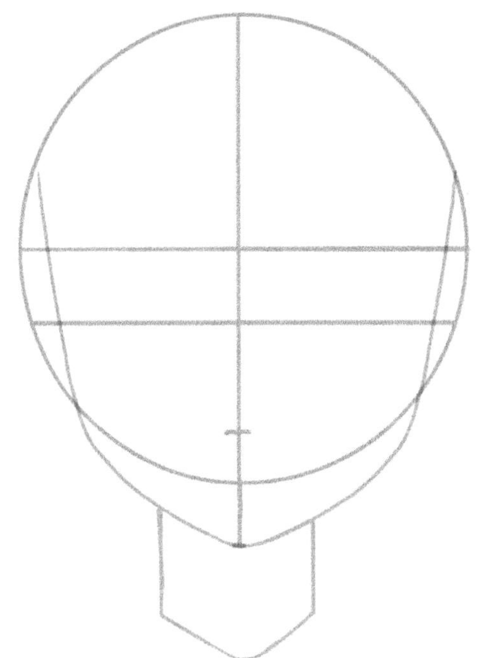

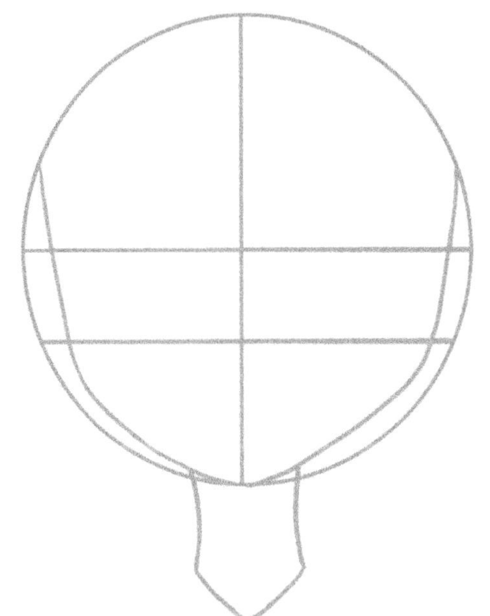

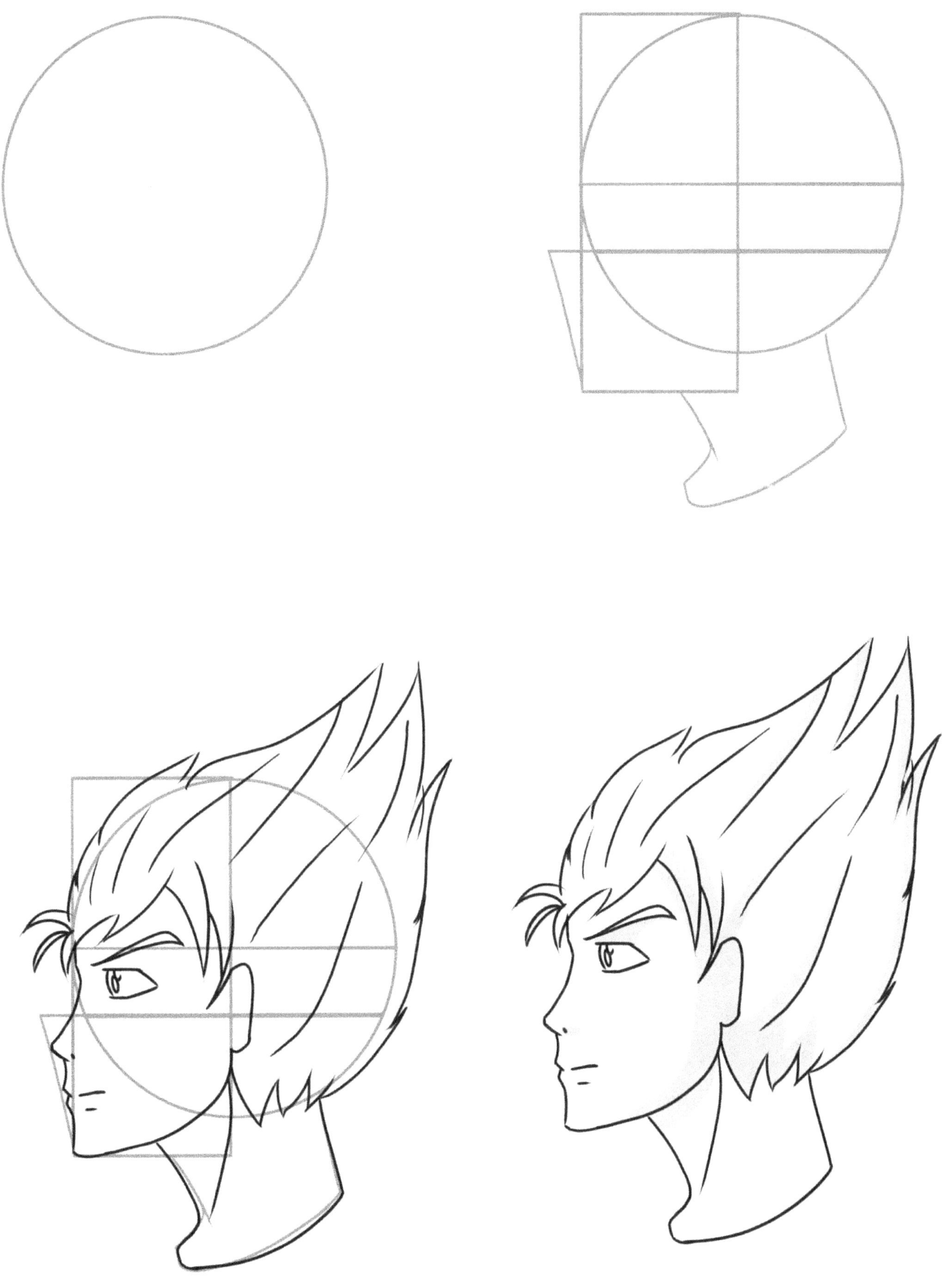

COMMENT DESSINER UN
MANGA
POUR LES DÉBUTANTS

30 ILLUSTRATIONS ÉTAPE PAR ÉTAPE POUR ENFANTS ET ADULTES

RUTH SUPERHAL